시인 김청수

이 도서의 국립중앙도서관 출판예정도서목록(CIP)은
서지정보유통지원시스템 홈페이지(http://seoji.nl.go.kr)와 국가자료종합목록
구축시스템(http://kolis-net.nl.go.kr)에서 이용하실 수 있습니다.
(CIP제어번호 : CIP2019020264)

바람과 달과 고분들

김청수 시집

시와사람

밥상

김청수

밥은 묵고 가야제

새벽, 일터로 가는
등 뒤에서
처진 어깨 툭툭 치며
달빛 걸쳐주는
보름달

저승 간 어머니
하늘에서 차려준
환한 밥상

바람과 달과 고분들

■ 시인의 말

바람과 달과 고분사이
그 만찬에 초대되어
나도 모르게 맛본 詩의 미각(味覺)

바람의 안감으로 지은 옷,
내게 어울리는지 잘 모른다.

천 년 속 들어가 본 대가야의 시간

2019년 봄
開花堂에서 김청수

차례

2 몸경을 읽다

3 늙은 의자

4 팽나무의 전설

1

바람과 달과 고분들

바람과 달과 고분들

얼굴 없는 영혼들
바람으로 다녀가신다

풍경 소리 참, 맑다
보름달 참, 환하다

죽은 엄마 우물 고경(古鏡)에
얼굴 비추어 보나 보다

고향의 우물은 달빛 아래 서럽도록 넘치고
줄초상(初喪) 난 골목길
발걸음 소리조차 조심스럽던 밤

홀로 자두나무 밑을 서성이다
주산 고분들 돌아오는 저녁

깊숙한 비밀, 지하문 닫아걸고
세월 따라 흘러왔을 그 고분
향 하나를 피우며

바람과 달과 고분들의 이름을 되뇌어보는
엄마와 그 달 아래 걸어 보는 밤

설중매

폭설을 짊어지고

봄을 향해 건너는

설중매 한 그루

지난 밤 나의 영혼은

바람에 파르르 떠는

하얀 매화꽃에 얼어 붙었다

하늘이 내려주신

이불 한 채로

시린 발을 밤새워 녹였을 매화

선사의 돌

누가 부른 모양이다
용연사 벚꽃길 걷다 들린
돌밭 길에서

선사의 사람들이
강가에서 잃어버렸을지도 모를
날카로운 돌칼 하나

그 옛날에도 벚나무 아래에
둘러앉아 꽃구경했는지도 모르지

피 냄새 묻어있을 것 같은
돌칼의 위험한 눈빛,

까마득한 옛날
이곳에서 벌어진 사건 하나
눈 밝은 나는 어쩌면 선사의 사냥꾼

양전리 암각화*

청동기시대의 핏줄이라면 어느 암석에
내 갈비뼈를 새겨 넣으리

구르다 멈춘 그 자리에서
얌전히 베개를 베고 잠든
저 태양의 얼굴

바위 속에는 기호와 문양이
사다리꼴 각으로 원으로 기하학적 무늬로
원형을 따라 둥글고 부드럽게 흘러든다

우주의 비밀처럼
알 수 없는 청동기의 언어
통풍에 붉게 부어오른 복숭아뼈
가시처럼 박힌 암각화의 기호

*경상북도 고령군 개진면 소재

삼월이

초승달 전봇대 꼭대기 걸려 있는 밤
태어난 지 삼 개월
인연처럼 불쑥,
나타난 강아지 한 마리

뭐가 귀하고 중한 줄도 모르는
어리석은 중생들 깨달음 주기 위해
잠시 개의 모습으로 앉아 있는 삼월이

그렁그렁, 울음 다 비워내고
살아간다는 것의 막막함
그 두려운 마음마저
살랑살랑 꼬리에 숨긴 채

봄밤, 매화꽃 향기 속에
구도자처럼
돌탑에 기대어 삼매에 든다

밥솥

직박구리 떼가 앞치마를 두르고

밥솥에 밥을 안쳤다

감나무 위에 붉은 불을 땐다

노을이다!

사문(寺門)에 들다

우르르 몰려온 사슴 가족
슬픈 얼굴로 철망 밖, 나를 본다

무슨 말을 걸고 싶은
저, 한량없고 맑은 무량의 사슴 눈빛

침묵이 흐른다

한 마리 두 마리
풀리지 않는 슬픔의 눈방울들은
등을 돌리고 간다

전생의 한순간이 휙 지나간다.

달항아리

방문을 열고
백옥 같은 그녀의 궁둥이를
오래 바라본다

우윳빛 가슴에 귀를 대자
두 팔 벌려 안기는
숨소리,
야릇한 눈빛 흘렀다

누군가를 찾느라 밤새워 헤매다
놀란 마음으로 깨어보니
어제 경매장에서
몇 시간을 기다리다 안고 온
애인 같은 달항아리 한 점
방 안, 훤히 밝히는
살결이 백옥 같은 미인

불상

박물관 뜰에서
목 떨어진 불상을 보고 돌아온 날 밤
불상이 우리집 정원에 앉아 있었다

어둠 속에서 목탁 소리 들리고
바람이 출렁이는 나무에서 별들이 매달려 있었다
흰 소를 탄 백발의 노인이 별을 따서 강물에 던지자
출렁출렁 떠오르는 목 없는 부처들

나는 물 위를 걸어 하나씩 줆어지고
목이 떨어진 불상의 머리를 밤새 붙였다
백발의 노인은 흰 소에 불상을 싣고
비슬산 대견사지 쪽으로 자꾸만 올려 보냈다

천둥새

그리움이 푸른 하늘 같을 때
가슴이 답답할 때

아무도 없는
개여울에 앉아

물이 풀어내는
이야기를 듣는다

그때마다 내 안에서
으르렁거리는, 짐승 한 마리
뚜벅뚜벅 걸어 나온다

돌아보면 보이지 않는
천둥새 날아간다

구름의 꼬리

이무기가 되었다가
여우의 꼬리가 되었다가
흰물결에 휩쓸려 날다가 뛰다가
여우 목도리 같은 털이 등에 뭉텅뭉텅 돋아
아득한 능선을 넘어간다

청도의 굽이진 산길 돌고 돌아 차를 세우고
붉은 사과가 울리는 종소리 귀를 열고
시 하늘 구름 경전을 읽는다

치통의 고통을 뿌리째 감추고
잇몸에 나사를 심어놓고 이식하고 키우는
내가 알고 있는 시인의 쓸쓸한 가을이
하늘 의자에 앉아 나를 내려다본다

구름은 피어오르고
우리는 또 누군가를 사랑하고
다시 길을 떠나야 한다

저, 구름의 꼬리처럼

그녀

그녀가
창밖 소나무가 있는
풍경 속을 서성이고 있다

어디 한 곳
정 붙이지 못하고
천지간을 떠돈다

늦은 밤
소나무 의자에 기대어 졸고 있는
나의 침실로 찾아줘서 고맙다

오늘은 보름날
길게 팔베개하고 누운
맏며느리 같은 환한 얼굴
참 곱다

철학자

산길에서
철학자의 쫑긋한
두 귀를 보며
생각한다

나에게 시란
어둠 속에 핀 붉고
붉은 한 떨기 장미꽃과도 같은 것

검고 동그란 눈방울로
고개 들었다가 다시 떨구는 짧은 순간,

휘파람을 불 때
저 예리한 경계의 촉각
고라니 한 마리 숲 속으로 몸을 날린다

솜사탕

다산에 사는 할아버지
짐 자전거에 구름 공장 싣고 와
사문진교 다리 밑에서 구름장사 하신다

자전거가 전 재산이고
밑져봐야 본전이라는데
특유의 너털웃음 지으며
일요일마다 열리는
벼룩시장 장터 오신다

먹고 사는 게 죽는 것만큼이나
어렵다는 구름공장 사장
우째던지 밥줄이 된 이곳에서
내쫓지만 말아 달라고

배경도 없고
힘도 없는 나더러
오늘도 이야기 하신다

사문진 나루터

1989년 봄 다산면 상갓집으로
근조화환 1톤 차에 싣고
사문진 나루 건너간 적 있다
어둑한 마당 장작불을 피어놓고 상두꾼들
술상을 마주하며 주거니 받거니 잔 부딪친다
쌀쌀한 강바람 산 자의 손과 죽은 자의 발을 녹인다
국밥 한 그릇 후루룩 뱃속으로 밀어 넣는데
돌담 밑 가마솥에서 돼지 한 마리 웃는다
집 모양새를 보니 한때 동네에서
방귀깨나 뀌었겠다고 생각하다가
상주들의 곡소리 처량하게 방문을 삐져나오고
나는 상갓집을 빠져나왔다
생사는 내게 달라붙어
끊임없이 귀를 잡아당기고,
어둠 속으로 새들이 강물 위를 가로질러 날아가는데,
그밤 사문진 나루터는 나에게
처음이자 마지막 배를 타 본 꿈 같은 추억이었다

천 년의 얼굴

귀혼들,
우주 공간을 유유히 흘러가며 춤추는 밤
숨어 있는 얼굴 불러내어 함께 춤춘다

무심한 영혼들은 어디서 오나
공포를 몰고 왔다 몰고 가는
핏기 잃고 놀고 있는
천 년을 풀어도 다 풀지 못한 귀면들
넋두리 같은,
그년을 붙들고 날밤을 새웠다

잊을 만하면 찾아오는
안면이 있는 것 같기도 하고
초면인 것 같기도 한
저, 눈빛 누굴 닮았나
새색시, 비단명주 치마저고리는
어디에 벗어두고

공주였다가 거지였다가

초랭이었다가 대감이였다가
굿판 보름달 아래서
작두날 타는 무당이였다가
백일을 살다간 동생이였다가
어머니였다가 부처였다가

넋 놓고 앉아 있는
다시 만날 수 없는 귀혼들,
얼래고 달래고 도깨비놀음에 홀린 듯
괴괴한 눈빛의 얼굴들 지나가는

천 년이 지나도 감지못할
그 슬픈 영혼을 수습하는 순간
정월 대보름달 제 몸을 다 사르고
날이 훤히 밝았다.

마른 고양이

푸른 사철나무 밑으로 길은 비틀거리고 있었다

고양이 울음소리 어둠의 적막 속에서
여인숙의 촛불처럼 빠져나갔다

막막한 연못으로 끝없이 떨어지던 별빛을 보고
소주병을 나발 삼아 불던 날
청춘들이라고 모두 알겠는가

가파른 골목길 돌 때
집집마다 저녁 후 달그락거리는 설거지 소리
가로등 아래서
따끈따끈한 시루떡 같은 시집을 품고 울었다

배고픈 도둑고양이 떼로 몰려와
방문 앞에 웅크려 울고
밥상에 올라온 고등어 한 마리
아내 몰래 던져 준 후부터
그놈들은 겁도 없이 내 방을 기웃거린다

이별

다 그렇다
신윤복 그림 속
여인의 엉덩이 같은 호박도 그렇다

식탁 위에 올려놓고
신주 모시듯 궁둥이 쓰다듬는 동안
겨울을 보내고 봄이 오고 여름이 갔다

옆구리가 터져 짓무르자
윗목에 드러눕고 말았다

눈길 돌린 며칠 사이
할머니도 허리에 종창이 생겨
영영 드러누우셨다

무너지는 건 한순간이다
이별이 다 그렇다

호랑가시나무 숲, 보름달 뜨면

불과 얼음의 세상, 안데스
우유니 소로 호수
만 제곱미터 은빛 소금호수에 기적은 올까

갑자기 쏟아진 소낙비로
지상에서 가장 큰 거울이 반짝이면
양림산* 관죽전 터
호랑가시나무, 겨울 숲에 보름달이 뜬다

호두나무 자궁 속에서
백 년을 기다린 귀녀
달그림자 그네를 타고
풍장터 가지마다 사리가 울음처럼 매달려
바람이 지나가는 달빛 아래
뚝뚝 떨어진다

새벽 보름달 내려오면
내가 알던 장발장은 어디 가고
가시나무 숲 헝클어진 머리카락 사이로

백 년 전 선교사의 영혼이 섬광처럼 지나간다

노봉방주를 아무리 마셔도 취하지 않는
달빛 끌어 안는 밤

*광주광역시 남구 양림동 소재. 호랑가시나무 언덕, 우일선 선교사 사택이 있다.

분꽃 속에는

분꽃 속에는
강가 언덕배기 초가 한 채 들어 있다

강가 염소 할머니가 주신 분꽃
팔순을 고단하게 살아오신
넋두리가 피어 있다

분꽃 속에는
먼 길 달려온 만삭의 보름달
신음도 피어 있다
얼굴도 모르는 동생이 비를 맞고 서있다가

분꽃 속에서
자꾸 같이 피자고 한다

2

몸경을 읽다

몸경을 읽다

저, 고요의 항구

지그시 눈을 감고
방금 쓰인 무의식

몸속 어디에서
저, 저음의 소리를 키웠나
음, 흠, 음

몸의 언어를 해독하며
몸으로 경 읽어가는 거룩한
사랑이여

나한상

왜 홀로 앉아 있습니까
살다보면 이렇게 허리가 꺾이는 것을

폭설이 멈춘 날
누워있는 소나무 곁을 지날 때
내 발목을 잡으며

왜 푸른 하늘을
들춰보고 계십니까

한풍에 온몸이 휘어져
검버섯 핀 얼굴로
손 내밀며 환히 웃는

다비식

30년 끌어안고 있던 조각품들이
부슬비 내리는 이른 아침에 다비식에 올려집니다
목신들 하나하나 호명하듯 불 속으로 던져 넣자
길길이 날뛰는 그것들의 몸짓
불 속에서 천하대장군, 천하여장군은 안색 하나 변하지 않고
천천히 화염에 휩싸여 불꽃으로 이별합니다
목신은 웃는 얼굴로, 기꺼이 불을 안습니다
울음들이 활활 타오르며 가슴으로 달라붙고
시시각각 현란한 춤사위,
목신의 화무(火舞)입니다
나무는 붉은 숯덩이가 되었다가, 아니 불이 되었다가
불티가 된 영혼이 하늘로 날아갑니다
젊은 날 불우했던 한 사내의 비애와 상처도
활활 타오릅니다
영혼이 하늘 가는 길
사내와 목신이 영원히 사는 길입니다.
새롭게 태어나는 날입니다
증표로 오래된 지전(紙錢) 몇 장 불사릅니다

마당이 붉은 불을 안은 그 밤
땅과 하늘 사이에 길 하나 열립니다

매미, 경전을 읽다

매미 한 마리 느티나무 책상 위에서 경전을 읽는 동안
능소화 꽃망울이 활짝 피어
종소리로 울려 퍼진다

매미가 경전에 밑줄을 긋고 읽는 동안
느티나무 아래 오래된 바둑판
할아버지 돋보기안경 너머로
이미 죽은 바둑알만 눈이 빠져라 내려다본다

승패는 이미 나무 위 매미가 다 읽고 있다
매미는 칠 일 살고자
칠 년을 땅속에서 묵언수행하지 않았느냐

한참을 망설인 끝에
손바닥에 쥐고 있던 검은 돌 하나
우주의 중심에 던지고 손을 털고 일어설 때
경전을 읽던 매미 책장을 덮는다
우주가 참 고요하다.

탁발승

매실나무에 걸린 문장을 새가 읽는 아침

가지가 생이고 길이고
발가락, 또 다른 문장의 밑줄 긋고
주둥이로 콕콕 눌러 마침표를 찍는다

저놈, 한석봉의 핏줄이라도 되나
새벽녘에도
나의 꿀잠을 깨우며
쓰다만 문장을 읽고 또 쓴다

창문으로 흘러나오는
선사의 독경 소리에 귀를 열고
그 소리의 기억 오랫동안 홀로 앉아
문장의 가락에 맞추고

아침 해는 詩가 된다

저 저, 탁발승 문장을 물고
또 어디로 가나?

목어

줄기 줄기에 하얀 별빛이 매달려 있다

향기는 소리도 없는
나의 코끝을 간질이다
찌르르 가슴으로 들어와
부질없는 묵시의 종으로 공중에 매달렸다
산비탈에 뿌리를 결사적으로 박고
생명의 구음을 느리게 읽는

나무가 쏟아내는 흰 사리들

허공을 향해 아주 조그맣게 흔들었을
종소리

마애불

바위에서 빼내고 싶다
함께 밤도망 가고 싶다

불[火]이 된 사람
화석이 된 미소

견고한 마음에
깊이 빠져버린
불 같은 사랑

부처를 만나다

서재에서 책을 보는데
거실에서 아내가 부르는 소리 들린다
다짜고짜 방석 위 앉아 보란다

우리 신랑 인생 헛살진 않았구나
착하게 산 보람있네
혼자 중얼거리며
넙죽넙죽 삼배를 올린다
얼떨결에 나는 반배로 받았다

대본도 없고 엑스트라도 없는
감독도 아내 주인공도 아내
정색의 영화를 찍는데
뜨거움이 왈칵, 앞을 덮쳤다

채 1분도 걸리지 않는 영화
그 대본 쓰는데 27년이나 걸렸다

골굴사 개망초꽃

무학산 북벽 바위
절벽에 막혀, 서성이다가
위로 올라가지 못했다

푸른 솔가지 끝에
소리를 따라가던 눈길 머문 자리
있는 듯 없는 듯 앉아
홀로 울던 새

절벽 아래 개망초꽃 저 혼자 목탁소리 듣는다
흰 거품에 미끄러진 벌 한 마리
허공을 돌다
갑자기 왜 머리 위에 주저앉았나

아차, 하는 순간 연애의 오르가즘도 없이
손가락 마디 하나 잘린 것처럼 얼얼한 죽비 한 자락,

개망초꽃 옆에서 여인 구실도 못하는 관솔의 여인
바람에 치마를 올린 채 누워
염불소리 따라 하고 있다

선유구곡*

대야산에서 발원한 시냇물
선유동 계곡으로 흘러들어와
용추, 칠우, 선유구곡 이루니
그 길을 따라 걷다 보면 계곡물은
흐르는 듯 멈춘 듯 청정하고 고요하다
절로 마음이 평온해진다
내 마음의 창을 열고 보여준
도반이 곁에 있어 좋았던 어린 시절의 고향처럼
암반 위로 자유롭게 흐르는 계곡물이 좋다
고요한 물에 발 담그고
잠시 명상에 잠긴다

신선이 머물렀다는 선유동에서
산고수장(山高水長) 어디에 앉아서 발을 담근들
오늘은 모두 신선이 된다

*문경과 괴산을 경계 짓는 대야산을 사이에 두고 선유구곡이 두 군데 있다. 대야산 동쪽 문경의 선유동을 외선유동, 서쪽 괴산의 선유동을 내선유동이라 부른다.

법기암에서

장맛비 잠시 그친 아침
오죽(烏竹) 한 무더기 캐내어 차에 싣고
법기암 간다

가야산 초막골 700고지 능선 법기암에 앉아
대훈스님과 우전 차를 나누며
변화무쌍 펼쳐진 구름 경전을 읽는다

젊은 날 출가하여 동서남북 선방만 다니다
조그만 암자 주지승이나 해야지 했는데,
이승에서 이룬 법기암

암으로 투병한 한 시인
법기암에 기증하고 윤회의 전설을 따라갔다는
석가모니 부처님상

나는 법기암 종지기나 할까
생각 타가 아무리 찾아봐도 종이 없어
허공에 걸린 구름종을 두드린다

천성암

의상대사 천 년 전 앉았던
너럭바위에 앉아 들은 바람의 초록 설법

무수히 밟힌 반들반들한 바위
병풍처럼 둘러쳐진
천성암 설법에 큰 절 하고 느티나무 경전을 읽는다

본래 모습 잃어버린 철조여래좌상
부처님의 고뇌부터
열반적정(涅槃寂靜)에 이르기까지
갈비뼈는 비어 있어야 채울 수 있다는 화두

천 년 또 여러 천 년
잘 수행한 바람에 좌선한 느티나무 뿌리가
천성암에 새겨 놓은 卍

망망대해 용궁에 들면
모두가 극락이다

백련암 느티나무

삼월에 내린 눈으로 발목 푹푹 빠지는 봄날,
상처 없이 한세상 건너는 사람
몇이나 될까

백련암 오르는 길목
벙어리 행세하는 느티나무
사백아흔아홉은 족히 살았겠다

등짐의 무게 감당하지 못해 간밤
팔, 다리 부러진 늙은 소나무처럼

상처의 곡절은 흔적으로 남는 것
전깃줄에 목을 매고 온몸을 푸르게 흔들며
언제나 온 몸으로 바람맞으며 묵묵히 서서

옹이가 된 귀머거리로
울퉁불퉁 상처에 길들여져
이제는 백련암 목탁소리 듣지 못해도
홀로 법문이 된 느티나무

다락헌*

지난 겨울 낙타처럼 공산을 넘어
등에 흰 눈을 짊어지고
봄을 건너온 장발장

다락헌 입구 고요히 손님 맞는 노송
푸르름 속에 감추어진 폐허를 본다.

밤의 달무리 속에
평화롭게 잠을 청했을 산새들

미라가 된 솔가지 사이로
깃을 친 새의 깃털을 보았고
죽은 까치의 비린내가 났다.

나는 늙은 소나무 등 다독이며
한 땀 한 땀 바느질 풀 듯
그의 머리카락을 풀고

내가 풀어낸 그 많은 솔가지 사이로

바람이 문 열고 건너왔다

노란 망토를 걸친 복수초가
바람경전 읽는 봄날
한 생이 주춤거린 다락헌, 낙관이 환하다.

*다락헌 : 장하빈 시인이 거주하는 문학공간, 팔공산 자락에 있다.

이팝나무

엄마처럼 손 흔들며
하얀 밥알을 터트리고 있다

봄날에는 배 고프다고
말하지 말라

봄비에 쌀을 씻어 솥에 밥을 짓고
고봉으로 퍼담아 먹어라

떨어진 꽃을 보면
배가 불러온다

쓸어 모으면
두 되는 됨직하다

허기는 지나가고
배부른 흔적만 남는 봄날이다

하늘강

뭉게구름은 흰 빨래를 하고 있다

저도 여자라고
산성산 하늘강에 앉아
방망이 두드리고 있다

또 그분이 오셨나

같은 거실에서
서로 다른 높이로
혼자서 중얼거리는 공기속 이야기

누구의 몸을 잠시 빌렸는지
씽크대 물줄기 앞에
요란하게 부딪히는 그릇 보다
더 크게 혀들이 길 잃고
소용돌이 속으로 곤두박질 치는
끔찍한 붉은 혀들의 언어

수돗물에 씻어도 씻기지 않고
닦아도 닦이지 않는
쏟아 놓은 혀들의 상처

뒤돌아보면 어디로 사라진,

심장을 파 먹고 휩쓸고 간
누구신지도 모르는
중얼거리는 말의 떼

눈빛으로 말을 한다는 것

눈빛이 때로는
백 마디 말보다
더 친근할 때가 있다

너의 쓸쓸함이 너의 외로움이
간절한 눈빛으로 건너와
이 아침 말을 건다

눈빛 하나 맞추었을 뿐인데
산 하나 지었을 뿐인데
너의 둘레에 물소리 가득 들린다

이제 산 그림자도 외로울 필요가 없겠지
너의 웃음이 나의 고단한 일상을 감싸주고
나의 일상이 너의 외로운 웃음을 감싸주고

눈빛 하나 맞추었을 뿐인데
마른하늘에 천둥이 일고
가슴 골짜기에서 뜨거움이 솟구친다

순례

아침노을이 붉다
서걱서걱 발아래 밟히는 은빛 소금

마리아 마야
세상에서 가장 힘든 일이 무엇이냐
소금을 건지는 일입니다
아니야, 사람 마음을 사는 일이란다

몇 달의 노동으로 은빛산 만들었지만
우기가 시작되자 쌓아 놓은
소금은 다시, 홍해로 든다

모든 것은 하늘에 달렸다
붉은 석양 아래 가장은 고독하다

세상에서 절박한 사람들
오늘도 핏빛 물에 몸을 담그고 슬픔의 눈물을 건져
저 붉은 홍해를 온몸으로 배에 싣는다

작별

그냥, 침묵 속 환히 웃는
영정 사진만 보고 돌아오는데
시린 바람은 자꾸만 목을 감싸고
소매를 붙든다

아무 말도 할 수 없어
그렁그렁 눈물만 머금고
하늘의 별들만 쳐다본다.

3

늙은 의자

늙은 의자

꾸벅꾸벅 존다
굼벵이처럼 힘겹게 고개 든 할머니
쭈글쭈글 말라 버린 우물
웅숭깊던 그 바닥 두 손으로 문질러보지만
말랐는지 오래다

한평생 가족들 밥상 들고
고단하게 문턱이 닳도록 넘고 넘었을
가뭄에 갈라 터진 발바닥
젖은 걸레로 닦고 있다

객지 떠돌던 아들 돌아와
감나무 밑동 잘라버린 옆 자리에
고추 몇 포기 심어 놓고

늙은 의자가 꾸벅꾸벅 졸고 있다

딸꾹

늙은 암소 한 마리 홀쭉한 입으로
아득한 추억을 되새김질 한다

주머니에서 끄집어 낸 검은 비닐에 쌓인
사진 한 장 오래 바라보며 웃고 있다

보타버린 홍시처럼 늙은 할머니가
담장 밖으로 떨어진 날부터
아슴아슴 아픈 가슴은 달빛을 닮았다

눈을 감아도 눈을 떠도 더욱 뚜렷해지는
꿈속처럼 환한 밤

암소 한 마리 느리게 울음을 삼키고
딸꾹, 밥을 삼킬 때

저승 밖에 양로원이 없다는 것도 알았다

꿈이 뒤숭숭한 날

진눈깨비 휘날리는 이른 봄날
꿈속에서 어머니가 방문 두드리는 소리
깨어보면 바람이 문고리 잡고 흔들 뿐
차가운 바람소리만 들린다

울타리 개나리는
당신처럼 성급히
노랑 저고리 입고 나앉았는데

멧돼지 떼의 마당이나 되지나 않았는지
걱정 반으로 찾아가는 어머니의 초옥

벌써 어머니는 진눈깨비 속에서
수북이 쑥 털털이를 차려 놓고
기다리고 계셨다

등뼈의 경전

의자에 앉았다 일어날 때
새우등처럼 굽어있는
엉덩이가 쭉 빠진 뒤태

탈골된 척추처럼 어긋난 허리를
깁스라도 해야 하나

아버지 무릎에서 듣던 찬바람 소리
숨겨진 한숨 소리

지천명의 아버지를 닮아
허리 같은 빈 뼈의 허공

담배 연기 속 자욱하던 신음사이로
의자에 앉았다 일어날 때
삐그덕 소리 난다

몸에서 가장 소중한 등뼈의 경전을
읽는 오늘,
우주의 한 중심이 휘청거린다

벌초하는 날

벌초한다고 날 잡았는데
아침부터 비가 내린다

고향 집 앞마당에 들어서니
아버지가 심어 놓은 늙은 자두나무
우산을 활짝 펼치고 반긴다

開花堂에 앉아 伯兄과 차를 나누고
처마 끝에서 떨어지는 낙숫물 소리에 귀를 열고
간밤 참새 한 마리 처마 밑 전깃줄에 앉아
졸고 있던 측은지심 이야기 듣다
게걸스럽게 살아왔던
어느 도시의 모퉁이에 비를 피하던
해 질 무렵의 어린 영상이 떠올라 가슴이 뜨거워질 때

접무봉과 화개산방 사이 쌍무지개가 걸렸다
무지개다리 위에서 아버지 한 말씀 던지신다
그래도 너희는 좋은 세상에 살고 있다
오늘 벌초는 형제간 따뜻한 정으로 대신한다.

경계

능선처럼 살아온 팔순의 슬픔
행간을 흔들며 치매의 강 건넌다

혹독한 그리움의 심해
청상의 몸보다 마음이 더 서러워서
눈도 입도 귀도 닫아걸고 아득하게 살아온 세월

호스피스 병동, 특실
보물처럼 간직해 온 기억의 창고
그 열쇠를 잃어버리고

아양교를 건널 때
한순간, 금호강처럼 순해진 강물을 보았다

붉은 비단 펼쳐진 하늘길
산 너머 미끄러지는 노을 속
당신의 기억들 그 마지막 편지 읽고 있을 때

팔순 반야용선
강 언저리 죽음의 경계를 넘고 있다

어머니 다녀가시다

푸른 잔디밭 위에
벗어 놓은
흰 치마 저고리

낯선 바람
밤새
풍경을 흔들었나 보다

머리카락을 감싼 채
처연하게 고개 떨군
불두화

간밤,
파마를 한 허연머리
어머니가 다녀가셨나 보다

치약

강가 낮으막하고 헐벗은 누옥
먼지와 거미줄 덮어쓴 백열등 아래
먹다 만 약봉지와 라면이 널브러져 있다

이름도 기억에서 희미한 노인
새 치약을 마지막으로 눌러 짜고 죽었다

하얗고 맑은 영혼을 닦던 삶
강물에 반짝거리고
노인이 걷던 강가,
달맞이꽃은 지천으로 피었는데

하늘에는 비행기가 하얀 치약을 짜내며 길을 간다

이장

삽을 무덤에 갖다 대자
이십 년째 잠든 배자골
잠시 긴장 한다

이장꾼들이 부드럽게 황토 걷어 내자
눈물로 얼룩진 면사포를 쓰고
당숙모가 누워 있었다

냉골에서 미라처럼 누워있던 슬픔
온몸을 추스르며 일어날 때
삭은 목관은
붉은 황토와 함께 흘러내린다

이생의 끝나지 않은 원혼의 몸부림
한 줌 재로 남기고
당숙부, 오늘 밤 신혼방을 차린다

달, 항아리

금이 간 가슴으로
오롯이 앉아 있다

미 팔군 후문 골목,
골동 경매장

백 년, 천 년 전 박제된 시간 속
전혀 낯설지 않은
손때 묻은 항아리 한 점

한 번 간 금은 상처와 같아서
완치할 수 없다는데
언젠가 무슨 사연으로 금이 갔는지
그 속에서 들려오는 숨소리
평생 가슴 움켜쥐고 살다 가신
늘 달덩이처럼 환한 얼굴
종가 할머니의 이면이 떠오른다

고향집 자두나무

담장 밖으로 고개 내민 자두나무
시골집 대문 앞에 서서
꽃가지 사이로 불어오는 봄바람에
객지의 아들이 궁금해 안부를 묻는다

수염도 깎지 않고 해마다
손길만 기다리는
늙고 병든 자두나무

집 나간 아들을 기다리는 아버지 같아
짠한 마음에
거친 몸뚱어리 한번 안아보고
쓰다듬다 돌아간다

형제

그믐 밤
촛불 아래서
마음이 문을 연다

슬픔을 호명하듯
그립고 아픈 잊힌 기억들
울컥 쏟아내며
캄캄한 벼랑에 핀 마음 한 필지

피를 나눈 형제이기 전
고통과 절망 넘어 세상을 달관한 도반 만나
지그시 맞잡은 손

찻잔을 사이 두고
함께여서 고맙다는 말
주름진 눈가로 젖은 강물이 흐른다

꿋꿋하게
잘, 살아 줘서 고맙다

독사주

이놈의 자석아
아무 생각 말고 약이라 생각하고
독한 마음 묵고
눈 딱 감고 하루에 석 잔씩 만 마시거라

군대 혹한기 훈련 중 다친 허리의 통증을
집에까지 배낭에 짊어지고 돌아왔을 때
아버지는 알약 대신 대문 앞에 깊이 묻어 둔
여적지 고개 빳빳하게 들고 있는
독사가 들어 있는 큰 소주병을 내밀었다

아버지가 따라 주시는 독사주로
내 안에 또아리 튼 독사를 죽였다
코를 막고 알약처럼 꿀덕 삼킨 보름 밤
뱀 한 마리 빠르게 별똥별 꼬리 물고
접무봉을 넘었다

화석

경산 중앙병원 중환자실
화석으로 피어 있는
큰집 아재를 보았다

큰 산
팔부능선을 넘어
구부능선
마른 장작의 나무 화석,
숨이 가빴다

하얀 가운 입고
손 발 묶인 채
먼 길 떠날 차비를 하고 있었다

산소 주머니를 코에 걸고
돌아서 나오는 내 손을 꼭 붙잡는다

열다섯 살 때

뒷산 소나무에 밧줄을 걸고
그 소나무에 매달려 생을 버리려 했다

눈에서 눈물이 흘렀다
형제들 얼굴 어른어른 떠다녔다

비문도 없는 무덤가에 앉아
강물 같은 슬픔이 흐르고
그 소나무 아래로
불기둥이 하늘에서
내 머리 위로 쏟아져 눈으로 들어왔다

밧줄을 목에 건 순간 이미 나는 죽고
여기 있는 너는 새로 태어난 몸이라고
우레처럼 하늘에서 울렸다

세례를 받은 것 같았다

풍경

상동네거리 지나
큰 나무 부동산 앞을 지날 때
두 자매가 나란히 손잡고
유리문에 붙은 전단에
눈이 꽂혀 있었다

수성들 위 만년설에서 떨어져 나온 가난
빙하가 쌓여 흘러가며
밀어내는 뭉게구름

찜통더위는 아랑곳 없고
어린 양처럼
인도 위 자박자박 걸어가는 두 자매

숨이 턱까지 턱턱 막히는
메르스 종식 선언 하던 날

화무(火舞)

불길 속을 빠져나온 바람이
대추의 뺨을 붉게 만들었다.
모과나무 오른쪽 뺨까지 어루만지는
타닥타닥 타악기 연주처럼 떠나보내지 못한 목신들
토닥토닥 타들어 간다
허상이 불탄다
문득, 삶과 죽음이 시시해진다

지나칠 뻔했던 도시의 골목에서
한 노파, 고맙다고 지전을 건네고
불길 속을 빠져나온 바람, 허공의 어깨를 더듬고 둥둥 간다
영원히 만나지 못할 꿈속의 인과(因果)
모퉁이를 돌면 그곳 사람들은 자유롭고 경계가 없다

서랍 속에는 지전이 수북이 쌓여 있고
덜컹거리는 문짝을 떼어 불 속으로 던졌다
대추 열매는 쭉쭉 단물을 빨아올리며 더 붉어지고 있었다

불길 속을 빠져나온 바람이 가는 길에
목탁소리 들린다

기도의 힘

넝쿨장미가 예배당 쪽으로
귀를 바짝 대고 앉는다

목사님 설교 있는 날에는
꽃들도 얌전해져서
좋은 일을 기대하는 것 같다

어제보다 오늘 더 많은 꽃이
교회 긴 의자 같은 담장 위에
믿음 신실한 신자처럼 앉았다

활짝 웃는 꽃을 보면
깊은 신앙의 희열에 빠진 것 같고
은혜를 입은 것 같다

다 기도의 힘이다

염

아버지의 심부름으로 밭에 가던 길
돌담 너머 돌이 엄마의 통곡 소리를 듣고
돌이가 죽었다고 직감했다

돌이는 머리가 크고
돌망치를 가진 이마를 가진 아이였다
이웃에 흑백텔레비전이 들어오던 날
형들은 돌이에게 담에 박힌 커다란 돌을 깨면
방에 들여보내 준다고 하여 이마로 돌을 깼다
그 시간 텔레비전에는 김일 선수가 박치기를 하고 있었다

돌이의 동생도 똑같은 병을 앓다 일찍 죽었다
그 병은, 스무 살이 되기 전에 죽는다는 소문이 돌았다
나는 돌이한테 책을 읽어주고 글도 가르쳐주었다

돌이네 집은 떡방앗간을 했다
돌이와 놀아주고 돌아올 땐 비지 몇 덩이 얻어오면
할머니는 김치 비지찌개를 만들어 주셨다
어느 날 돌이가 오줌이 마렵다고 불러

쪽문을 열려고 가마솥 뚜껑에 발을 딛었다가
솥뚜껑이 미끄러지는 바람에
끓고 있던 솥 안으로 내 발이 빠지기도 하였다

넋 빠진 돌이 엄마를 겨우 일으켜 세워
몸이 더 굳기 전 돌이를 묶어야 한다고,
장롱 어딘가에서 찾아 낸 광목으로
어릴때 할아버지 할머니가 하던 대로 돌이를 묶었다
돌이가 산으로 가는 시간,
마당 가 담장 위로 매화꽃잎이 바람에 흔들려
흰눈처럼 흩어지고 있었다.

분꽃

밤이면 현관 앞에

향기 내뿜는

얼굴도 기억 안 나는

백 일 살다 간 누이동생

보름달 밤 아래

뒤돌아 앉아

또 무얼 만진다.

4

팽나무의 전설

팽나무의 전설

귀 열고도 듣지 못하는 말
천년의 시간 품은 팽나무의 굽은 허리를
나는 느리게 감싸 안았다

용트림과 인고의 세월 앞에
경봉선사는 어디 가시고
아픈 역사의 상처와 기억, 저 노인네와 함께 했을까

부드러운 바람이 볼을 쓰다듬는 날
나무 그늘 아래 휘어진 이야기 듣다
마음이 붉은 수박을 먹는다

단내 맡고 달려드는 파리 떼 보살
날았다, 앉았다
삶이란 저렇게 단맛에 흠뻑 젖는 것

바람이 염불소리를 타고
팽나무 가지를 돌아 나올 때
한 곳에 머물 수 없는 운명
물까치전설을 물고 날아간다

가뭄

가뭄은 자두나무 이마를
자꾸만 허공으로 쓸어 올린다

찻잔 속에는
자목련 꽃이 벙그는데

뻐꾸기 소리는
녹조 낀 저수지를 건너지 못하고
경운기 소리에 파묻힌다

작은 탁자 위에는
성모상이 놓여 있고
모세의 기적처럼 마른하늘 소낙비 한 줄기
성서 구절에 자꾸만 눈길이 간다

붙어 묵는다는 것

개 두 마리가 붙어 있다
털 주머니에서 붉은 단검을 빼내
한 놈이 한 놈의 뒤를 잽싸게 찌른다
부르르 부르르 몸서리치는 극치

뒤따르는 놈 앞서가는 여인의 치맛자락에서
향낭을 찾아 주둥이를 처박고 대어주는 자세
참, 가관이다
꿀보다 더 달콤하게 핥고 또 핥는
혼례의 자세가 거룩하다
달콤한 신혼이겠다

소낙비에 흠뻑 젖은 채
열린 문으로 들어온 그녀 생각

내 가슴에 안기어 날밤 새우고,
붙어 묵는다는 것
태초 같은 신성한 생명의 말씀이다

왜가리, 봄비에 젖다

비 내리는 이른 새벽부터
흰 옷을 입은 왜가리 한 마리
강물에 발목을 담구고 있다

먹고 산다는 것은
어둠 속 물길을 헤치고

외발로 쓸쓸히
견디는 것

너의 새끼도
나의 자식도

밥이 목숨이어서
세상의 강물에 아비들은
발 하나씩 담구고 있는 것이다

오체투지

난분에 붙어 있는
달팽이 한 마리 붙들어
변기통에 던져 넣었다

퐁당, 목탁 소리가 났다

새벽 화장실 가니
깊은 바다 절벽
달팽이 보살이
오체투지로 기어 나와
변기통에 앉아 있다

정신이 번쩍 든다.

입춘열차

매화나무 가지마다
물 흐르는 소리 들리고
멍울이 아기 젖꼭지처럼 부풀었다

산기슭
망개나무 덤불 속에서 어쩌다 마주친
고라니 눈방울이 한층 맑고 깊었다

산속 옹달샘에서 목 축일 때
하룻밤 사이,
입춘의 달착지근한 물맛으로 변해 있고

고령 장날 소구래 국밥집에서
막걸리로 목을 축이고
집에 돌아오는 길에는
겨울의 야윈 시간이
피난민처럼
입춘열차에 실려 가고 있었다

문수선원에서

점심 공양 마치고
밥값하지요

학승 스님들 겨울찬으로 올라갈
푹 삶아 놓은
무시래기청 껍질 벗깁니다

산새들에게도 차 한 잔 하라며 놓아 둔
나무 밑 화단가 백자 물 항아리

한 모금, 딱 한 모금만
목마른 산새 가족들도 둘러 앉아
마음 나누라는

산짐승 길짐승 분별없는
문수선원에
벌써 매화꽃이 피려나 봅니다

개집을 바라보다가

우리 집 진돗개 수놈이
윗마을 진돗개 암놈과 헐래를 붙어 낳은
강아지 한 마리 얻어왔다

왼손으로 자전거 핸들을 잡고
오른손에 강아지를 살며시 가슴에 안고
페달 밟으며 마당에 들어서는데
수놈이 풀쩍풀쩍 뛴다

아비 개가 끙끙 냄새를 맡으며
뱃가죽과 등을 입으로 핥아주니 좋겠다
마당가 개 집 거미줄도 걷고 먼지도 털고 이불 한 채 깔고
물 한 그릇과 사료 한 그릇 넣어 주니 넉넉하다
개 집 앞에 한참을 쭈그려 앉아 안을 살피다가

옛날, 셋방 한 칸 얻어
달랑 이불 하나 냉방에 깔고
잠이 오질 않아 쌀을 씹던 내가
오늘은, 개 집 앞에서 한참을 쭈그려 앉아 울었다

밥상

밥은 묵고 가야제

새벽, 일터로 가는
등 뒤에서
처진 어깨 툭툭 치며
달빛 걸쳐주는
보름달

저승 간 어머니
하늘에서 차려준
환한 밥상

길

별도 새벽밥을 묵어야지
달도 국밥 한 그릇은 말아 줘야지
낙동강 굽이굽이 흘러가는 강물도
기러기 또 어디론가
하늘길 찾아가는 허공에도
뜨끈한 고봉밥 한 밥상은 차려야지
구름 위에 누웠다가 일어났다가
바람이 만들어 놓은 무덤 위에도
건넝건넝 한 능선 넘으라고
젯상은 차려야지

인연

새벽 들판 한 바퀴 돌다 만났다
뒤돌아보면 멈추고 걸어가면 또 따라오고
며칠 먹을 것 가져다주니
빈 그릇만 덩그러니 놓였다

누군가
낼 모래 잡을 거라 귀띔 해 준다
나와 눈빛 마주친 이슬 맺힌 개
머리 쓰다듬자 살랑살랑 꼬리 흔드는
개의 젖멍울이 통통 불었다

차마 죽는 걸 볼 수 없어 집에 데려와
닭 두 마리 고령장에서 사와 푹 고아 주었다

인연은 묘경이어서
어느 날 아침 어미 배 밑에
새끼들 젖 빨고 있는 것을 보았다

난전

목련꽃도 허공에 나앉아

밥 한 그릇 비우고

초점 없는 눈빛으로

봄비에 메리야스 젖어

흰 손목이 무겁다

공벌레

공벌레 한 마리
빌딩 길모퉁이 앉아 먹이를
이리저리 굴린다

잠시 바람이 쉬어갈 뿐

파지에 가려진 손수레
공처럼 비틀비틀
길을 피해 길을 간다

몸집보다
몇 배나 큰 먹이를 굴리며
사막을 걸어간다

인시(寅時)

새벽 3시에 읽던 시집을 밀치고
별의 문을 열고 시원하게 쏟아내는 물줄기
그 물줄기 턴 손으로 초승달을 만진다

긴 겨울
별을 건너 온
매화나무 꽃망울
시로 태어나는 밤

뒷산의 허기진 멧돼지가
마을을 가로질러 가는지
동네 개들의 젖은 발자국이 울린다

코뿔소

사냥꾼들이
날마다 뿔을 찾아 밀림 속으로 헤맨다

밀림속 코뿔소
마취총 맞아 맨하탄 쌍둥이 빌딩처럼 허물어지고
그들은 한 손에 도끼
또 다른 손에는 톱을 들고 뿔을 잘라
바다 건너 지구 반대쪽으로 운반한다

마취가 깬 거대한 지구가 버둥버둥 거리다
열대야로 폭설로 폭우로 토너이도가 휩쓴 도시
빌딩의 눈과 코와 입이 문둥병자처럼 흉물스럽게 내려앉았다

코뿔소가 뿔이 잘려 쏟아내는 핏물,
어미 곁을 떠나지 못하고 울고 있는
새끼의 발목이 붉다

자동차의 밀림 그 대열 속에서
성난 코뿔소의 질주
고속도로에서 사고가 났다는 아내의 전화를 받았다

까치처럼

이삿짐 차가 몇 번이나 들락거렸다

지나가던 사람들이 자꾸만 두리번거리며
염치도 없이 쳐다보는 거였다

식구는 배가 불러오고
금광을 캐던 동쪽 하늘
아침이면 떨어진다던 황금 덩어리
동틀 무렵 먼저 보는 놈이 임자라는
소행성 법칙 때문에 나는 반백 년 새벽잠 설쳤다

그해 칠월이 다 가기 전
까치둥지에서 아기 울음소리 들렸다
그게 행복인지도 불행인지도 몰랐다
그날부터 천둥보다도 번개보다도 더 무서운
자본의 목줄에 칭칭 감겨
어디로도 도망갈 수 없는 나는
늘 푸른 나뭇가지 까치둥지처럼 흔들리며 살았다

촛불, 혁명이다

날밤을 새워 짠 황금 옥좌
한파도 모르는 거미
배가 부른 채 열반에 들었다

지붕이 푸른 집에서
푸른 알약이 무더기로 쏟아져 나왔다
11월의 푸른 집, 불타는 수레에서 소가 멍에를 끊고,
무리에서 떨어지면 고독한 절벽
팽팽하게 당기고 있던 그 황금줄의 그네,
푸른 집 너머 한파의 함성이 펄럭이고
모든 것이 허망하게 무너져 내린다

불타는 수레에서
비리가 비리의 꼬리를 물고 나오고
비리에 물린 소 떼들, 도망을 간다
분노의 바람을 흔들어 깨우는
민심으로 타오르는 촛불,
바람 앞의 들불처럼 번진다

전화하고 와

목월문학상 시상식장
달북 형님 축하해 주러 갔다가
초승달처럼 여윈 모습이
박수 소리에 감추고
흘린 눈물

마주 잡은 손길 달북 형님
손이 왜 이리 차갑나
요즘, 많이 바쁜가 봐
통 연락도 없네

우리 돼지국밥에
소주 한 잔 해야지
지난번
성주에서처럼

전화하고 놀러 와
달을 타고 놀러 와

*달북 : 문인수 선생 자호

철새

환한 복사꽃 그늘에서 해가 잠꼬대할 때까지 졸다
이 골짝 저 골짝 옮겨 다니던 철새 떼

국회의사당 지붕 아래 둥지를 틀고 있지만
언제든 먹이가 풍부한 곳으로
집을 옮기는 습성이 있다

철새를 잡아 새장에 가두어도
영악한 철새는 빠져나가는 구멍을 안다
변종 철새는 민초만 보면 죽는 시늉을 한다

여의도에 벚꽃이 분분할 때면
수많은 새떼들이 날아다닌다

|해설|

역사·불교적 사유와 생명성 탐구

–김청수 시집 『바람과 달과 고분들』을 중심으로

강 경 호
(시인, 문학평론가)

1.

김청수 시인의 이번 시집 『바람과 달과 고분들』은 다양한 경향의 시세계를 보여준다. 선사 또는 역사적 상상력이 깃든 시편, 불교적 사유를 담아낸 시편과 함께 소외된 노인들의 삶을 아프게 바라보고 있는 시편, 아버지 어머니를 그리워하는 시편과 아픈 가족사, 그리고 생명성을 탐구하는 시편들이 주류를 이루고 있다. 이전의 시편들이 관심을 가졌던 것에 비해 시적 세계관을 확장시켜가고 있다. 모든 것을 '시'라는 블랙홀로 끌어들이려는 시인의 욕망과 자신감이 반갑다. 특히 비유의 세련됨으로 인해 더욱 깊어진 시적 사유는 이전의 시인은 죽고 새로운 시인이 태어났음을 선언했다는 의미를 지녔다해도 과언이 아니다.

2.

개인적으로 김청수 시인과의 인연을 떠올리면 그가 점필재(佔畢齋) 김종직(金宗直) 선생의 후예로 언젠가 고령 개실마을이 있는 종택에 따라갔던 기억과 가야시대의 고분군이 밀집된 대가야 현장에 함께 갔던 것이 인상적이다. 그런데 이번 시집에 이러한 역사적 의미가 있는 현장과 관련된 시편들이 많아 독자로서 쉽게 이해할 수 있었다.

얼굴 없는 영혼들
바람으로 다녀가신다

풍경 소리 참, 맑다
보름달 참, 밝다

죽은 엄마 우물 고경(古鏡)에
얼굴 비추어 보나 보다

고향의 우물은 달빛 아래 서럽도록 넘치고
줄초상(初喪) 난 골목길
발걸음 소리조차 조심스럽던 밤

홀로 자두나무 밑을 서성이다
주산 고분들 돌아오는 저녁

깊숙한 비밀, 지하문 닫아걸고

세월 따라 흘러왔을 그 고분
향 하나를 피우며
바람과 달과 고분들의 이름을 되뇌어보는
엄마와 그 달 아래 걸어 보는 밤

-「바람과 달과 고분들」 전문

이 작품은 앞에서 말했듯이 고령 가야시대의 고분들을 시의 현장으로 끌어들여 추억을 소환하는 형식을 띠고 있다. 그러므로 이 작품의 시간적 배경은 유년기이며 공간적 배경은 "주산 고분들"이다. 그날 따라 "풍경 소리 참, 맑"았고 "보름달 참, 환"한 달밤이었다. 이 작품의 실제 주인공이기도 한 시인은 수십 년이 지나도록 잊히지 않았던 것은 어떤 정서적 사건이 있었기 때문인데 그것이 바로 이 작품의 이야기이다. 휘영청 보름달 밝은 밤, 보름달이 우물을 거울삼아 제 얼굴을 비추어보는 날 죽은 엄마의 오래된 거울에 비추어 보는 듯하다. 그런 "고향의 우물은 달빛 아래 서럽도록 넘치고/줄초상(初喪) 난 골목길/발걸음 소리조차 조심스럽던 밤", 화자는 "홀로 자두나무 밑을 서성이다/주산 고분들 돌아오는 저녁" 매우 쓸쓸했을 것이다. 마을에 줄초상 난 것만으로도 슬플 것인데 누가 발자국 소리를 내어 온 마을에 그늘처럼 내린 슬픔을 감히 어쩌지 못했을 것이다. 화자가 왜 "홀로 자두나무 밑을 서성"였는지는 모르지만 가야시대의 무덤들이 많은 "주산 고분들 돌아오는 저녁" 마음이 편치 않았을 것이다. "깊숙한 비밀, 지하문 닫아걸고/세월 따라 흘러왔을 그 고분"들을 위해 "향 하나를 피"워왔을 것이다. 화자는 주산 고분들에서 돌아오는 저녁 예로부터 행해온 고분들을 위한 의식을 떠올리며 "얼굴없는 영혼" 즉 "바람"의 몸으로 떠돌아다니는 죽은 자들을 생각한다. 그리고 이미 이 세상 사람이 아닌 바람 같은 존재여서 우물을 거울 삼아 떠오른 보름달 같은 어머니가 하늘에 뜬 날 죽은 자들의 이름을 되뇌어 본다. 그러므로 "바람과 달과 고분들의 이름을 되뇌어보는/엄마와 그 달 아래 걸어 보는 밤"인 것이다.

「선사의 돌」은 앞에서 살펴본 「바람과 달과 고분들」의 시대적 배경인 가야시대보다 더 오래된 선사시대의 이야기를 "날카로운 돌칼" 하나를 통해 유추하고 상상력을 펼친 작품이다.

누가 부른 모양이다
용연사 벚꽃길 걷다 들린
돌밭 길에서

선사의 사람들이
강가에서 잃어버렸을지도 모를
날카로운 돌칼 하나

그 옛날에도 벚나무 아래에
둘러앉아 꽃구경했는지도 모르지

피 냄새 묻어있을 것 같은
돌칼의 위험한 눈빛,

까마득한 옛날
이곳에서 벌어진 사건 하나
눈 밝은 나는 어쩌면 선사의 사냥꾼
-「선사의 돌」 전문

화자는 용연사 벚꽃길에 왔다가 돌밭을 걷는다. 그런데 어디선가 누가 부르는 소리를 듣는다. 그 소리는 주인공은 "날카로운 돌칼"이다. 물론 돌칼이 소리내어 부르지는 않았겠지만 돌칼은 화자의 눈에 띈 것만으로도 자신의 존재를 인식시킨다. 그 돌칼은 어쩌면 "선사의 사람들이/강가에서 잃어버렸을지도 모"른다. 당시 돌칼은 무기여서 주로 사냥하는데 사용했을 것이다. 그러므로 용연사 부근에서 발견한 돌칼은 수천 년이 지나 오늘 화자에게 발견되었지만, "피 냄새 묻어있을 것" 같다. 아직도 무뎌지지 않고 "위험한 눈빛"을 감추지 않은 것으로 보아 "까마득한 옛날/이곳에서 벌어진 사건 하나"가 있었을 것이라고 화자는 상상해 본다. 그리고 수천 년 후 자신에게 돌칼이 발견된 것은 윤회를 거듭하여 다시 용연사 벚꽃길을 찾은 화자가 선사시대 돌칼의 주인이었기 때문이었을지도 모른다고 유추해 본다. 돌칼로 사냥하기도 하고 싸우기도 했을 선사인들도 "그 옛날에도 벚나무 아래에/둘러앉아 꽃구경했는지도" 모를 것이라고 선사인들의 삶을 생각한다. 돌밭에서 어쩌다 눈에 띈 돌칼 하나를 매개로 하여 수천 년 전의 시간과 공간을 현대로 잇는 상상력이 예사롭지가 않다.

앞의 두 작품은 고분과 돌칼을 매개로 하여 역사, 또는 선사시대와 화자 자신의 삶을 연결지으며 시적 상상력을 펼쳤다. 「달항아리」 역시 옛 유물로 경매에서 구입하여 시인의 삶 속으로 끌어들이고 있다.

방문을 열고
백옥 같은 그녀의 궁둥이를
오래 바라본다

우윳빛 가슴에 귀를 대자
두 팔 벌려 안기는
숨소리,
야릇한 눈빛 흘렸다

누군가를 찾느라 밤새워 헤매다
놀란 마음으로 깨어보니
어제 경매장에서
몇 시간을 기다리다 안고 온
애인 같은 달항아리 한 점
방 안, 훤히 밝히는
살결이 백옥 같은 미인

-「달항아리」 전문

매우 에로틱한 작품이다. 김청수 시인의 에로티즘은 「이별」에서도 호박을 "신윤복 그림 속/여인의 엉덩이"라고 했는데, 「달항아리」에서도 "백옥 같은 그녀의 궁둥이"라고 비유하고 있다. 모두 여인의 엉덩이라는 특정 신체부위를 지칭한 것이 흥미롭다. 이는 '호박'이나 '달항아리' 등이 모두 '둥글다'는 유사성 때문일 것이다.

시인은 옛 유물을 수집하는 취미가 있는 모양이다. 그런 까닭에 300년이 넘은 문인석을 고이 간직하고 있는 것으로 안다. 이러한 그의 취향은 "어제 경매장에서/몇 시간을 기다리다 안고 온/달항아리"에서 보듯, 경매를 통해 달항아리를 집에 가져왔다. 그런데 화자는 꿈속에 달항아리를 찾아 헤맨다. 그러다가 꿈을 깨어보니 달항아리가 방안에 그대로 있다. 얼마나 달항아리를 아꼈으면 꿈속에서조차 염려되는지 달항아리를 향한 시인의 사랑이 느껴진다. 화자는 "방문을 열고/백옥 같은 그녀의 궁둥이를/오래 바라본다" 이렇듯 달항아리를 사랑하는 여인인 듯 바라보던 화자는 "우윳빛 가슴에" 자신의 귀를 댄다. 그러자 "두 팔 벌려 안기는/숨소리,"가 들려온다. "방 안, 훤히 밝히는/살결이 백옥 같은 미인"의 숨소리를 들으니 "야릇한 눈빛" 흐른다.

'달항아리'를 마치 "살결이 백옥 같은 미인"으로 의인화시켜 사랑하는 여인을 대하듯 조심스럽게 완상하는 시인의 취향에서 오래된 달항아리와 시인의 시간적 거리가 인간의 시간을 초월함을 보여준다.

3.

김청수 시인의 이번 시집에는 유난히 불교적 사유가 깃든 시편들이 많이 눈에 띈다. 「몸경을 읽다」, 「나한상」, 「다비식」, 「매미, 경전을 읽다」, 「탁발승」, 「목어」, 「마애불」, 「부처를 만나다」, 「골굴사 개망초꽃」, 「법기암에서」, 「천성암」, 「백련암」 등이 그것들이다. 시인의 일상과 사물을 불교적으로 사유하며 해석하는 것이 대부분이지만 인간의 존재방식에 관한 깊은 성찰이 전제되고 있다.

서재에서 책을 보는데
거실에서 아내가 부르는 소리 들린다
다짜고짜 방석 위 앉아 보란다

우리 신랑 인생 헛살진 않았구나
착하게 산 보람있네
혼자 중얼거리며
넙죽넙죽 삼배를 올린다
얼떨결에 나는 반배로 받았다

대본도 없고 엑스트라도 없는
감독도 아내 주인공도 아내
정색의 영화를 찍는데
뜨거움이 왈칵, 앞을 덮쳤다

채 1분도 걸리지 않는 영화

그 대본 쓰는데 27년이나 걸렸다
-「부처를 만나다」 전문

화자는 뜬금없는 일을 맞는다. 평상시와는 다른 아내의 행동 때문이다. "서재에서 책을 보는데/거실에서 아내가 부르는 소리 들린다/다짜고짜 방석 위 앉아 보란다" 그리고는 방석 위에 앉은 남편을 향해 절을 한다. 아내가 남편에게 삼배를 하는 이유는 분명하지 않지만 "우리 신랑 인생 헛살진 않았구나/착하게 산 보람있네"에서 보듯 착하게 살아서 무슨 좋은 일이 생긴 것은 분명하다. 화자는 반배로 아내의 삼배에 예의를 갖췄지만 얼떨떨한 모습이다. 순식간에 일어난 삼배사건을 화자는 한 편의 영화라며, 이 영화를 찍기 위해 27년이나 걸렸다고 한다. 결혼한 지 27년이 됐다는 뜻이다. 아내의 느닷없는 행동, 그러나 진정성 있는 행동에 화자는 "뜨거움이 왈칵, 앞을 덮"치지 않을 수 없었을 것이다. "대본도 없고 엑스트라도 없는/감독도 아내 주인공도 아내"인 "정색의 영화" 한 편을 찍고 화자는 감격해 한다. 이러한 과정을 진정성있게 연출한 아내를 화자는 진심으로 고마운 마음으로 이해하며, 아내를 '부처'와 같다고 생각한다. 그런 까닭에 시제를 "부처를 만나다"라고 할 수 있는 것이다.

부처란 대단한 수행을 한 고승만이 될 수 있는 것이 아니라 누구나 성불하면 될 수 있는 경지로 일상에서도 만날 수 있음을 보여준 위의 작품과 달리 다음의 작품 「다비식」은

30년 끌어안고 있던 조각작품들을 불태우며 불교적 의식으로 비유하는 사유를 보여준다.

30년 끌어안고 있던 조각품들이
부슬비 내리는 이른 아침에 다비식에 올려집니다
목신들 하나하나 호명하듯 불 속으로 던져 넣자
길길이 날뛰는 그것들의 몸짓
불 속에서 천하대장군, 천하여장군은 안색 하나 변하지 않고
천천히 화염에 휩싸여 불꽃으로 이별합니다
목신은 웃는 얼굴로, 기꺼이 불을 안습니다
울음들이 활활 타오르며 가슴으로 달라붙고
시시각각 현란한 춤사위,
목신의 화무(火舞)입니다
나무는 붉은 숯덩이가 되었다가, 아니 불이 되었다가
불티가 된 영혼이 하늘로 날아갑니다
젊은 날 불우했던 한 사내의 비애와 상처도
활활 타오릅니다
영혼이 하늘 가는 길
사내와 목신이 영원히 사는 길입니다.
새롭게 태어나는 날입니다
증표로 오래된 지전(紙錢) 몇 장 불사릅니다
마당이 붉은 불을 안은 그 밤
땅과 하늘 사이에 길 하나 열립니다

-「다비식」 전문

다비(茶毘)는 불교에서 시체를 화장하는 일로 불을 재생

의 정화(淨化)라고 인식하는 데에서 연유한다. 그런데 이 작품에서는 죽은 스님의 다비식이 아니라 "30년 끌어안고 있던 조각품들"을 다비하고 있다. 조각품들은 목신(木神)들인데 "부슬비 내리는 이른 아침" "하나하나 호명하듯 불 속으로 던져 넣"는다. 그것들이 불 속에서 타는 모습이 마치 "길길이 날뛰는" 것처럼 보이는데 목신들 중에는 "천하대장군, 천하여장군은 안색 하나 변하지 않고/천천히 화염에 휩싸"인다. 명색이 대장군들이기 때문일 것이다.

화자는 30년 동안 목신들을 가지고 있었는가 싶다. 어떤 연유로 그것들을 불속에 넣을 생각을 하였는지는 잘 모르지만, 불교에서 다비식은 앞에서 밝힌 것처럼 어떤 것이라도 모두 타 없애는 '불[火]'은 '죽음'과 더불어 '부활' 또는 '재생'을 시킨다는 의미를 지니고 있다. 그래서였을까. 비록 형체는 사라져도 새롭게 태어나 영원히 생명성을 얻을 수 있기를 바라는 마음으로 30년 동안 간직하고 있던 목신들을 불태웠는지도 모른다.

화자는 목신들이 불에 타는 모습을 아주 구체적으로 묘사하고 있다. "목신은 웃는 얼굴로, 기꺼이 불을 안"고, "울음들이 활활 타오르며 가슴으로 달라붙고/시시각각 현란한 춤사위"를 보여준다고 한다. 그러므로 "목신의 화무(火舞)"인 것이다. 즉 목신들이 불에 타는 모습이 마치 불춤을 추는 것 같다. 목신들이 불에 타는 모습과 더불어 화자는 목신들을 다비식에 올리는 이유를 밝힌다. 불에 탄 목신들의 "불티가 된 영혼이 하늘로 날아"가는데 그것은 "젊은 날 불우했던 한 사내의 비애와 상처"와 함께 "영혼이 하늘가는 길"이라고 한다. "사내와 목신이 영원히 사는 길"이기 때문이다. 작품에서는 구체적으로 '젊은 날 사내의 불우'가 무엇인지는 나타나 있지 않지만 사내는 목신을 깎은 사람으로 유추할 수 있다. 그렇기 때문에 사내는 목신을 깎으며 비애와 상처를, 이제 30년이 지난 시점에서 목신의 다비를 통해 스스로의 비애와 상처를 일소하고 새롭게 태어나고자 한다. '불'이라는 신성한 매제를 통해 이전의 존재는 죽이고 새로운 존재를 부활, 또는 재생시켜 새로운 생명성을 부여한다는 것이다. 흔히 문학적 상징으로써 '하늘'을 '파라다이스' 또는 '가장 이상적인 세계'를 말한다. 지상에서 하늘 사이에 불이라는 매제가 길을 놓음으로써 하늘가는 길이 열릴 수 있다는 측면에서 '불'은 영원한 생명성을 위한 길을 담당하고 있어 이 작품의 가장 중심에는 '불'이 큰 의미와 역할을 하고 있다고 보아야 한다.

다음의 「백련암 느티나무」는 백련암 느티나무를 통해 상처의 깊이와 무게로 깨달음을 얻었음을 보여준다.

삼월에 내린 눈으로 발목 푹푹 빠지는 봄날,
상처 없이 한세상 건너는 사람
몇이나 될까

백련암 오르는 길목

벙어리 행세하는 느티나무
사백아흔아홉은 족히 살았겠다

등짐의 무게 감당하지 못해 간밤
팔, 다리 부러진 늙은 소나무처럼

상처의 곡절은 흔적으로 남는 것
전깃줄에 목을 매고 온몸을 푸르게 흔들며
언제나 온 몸으로 바람맞으며 묵묵히 서서

옹이가 된 귀머거리로
울퉁불퉁 상처에 길들여져
이제는 백련암 목탁소리 듣지 못해도
홀로 법문이 된 느티나무

-「백련암 느티나무」 전문

사람은 상처를 입으며 성장한다. "삼월에 내린 눈으로 발목 푹푹 빠지는 봄날" "등짐의 무게 감당하지 못해 간밤/팔, 다리 부러진 늙은 소나무처럼" "백련암 오르는 길목/벙어리 행세하는 느티나무"도 사백아흔아홉 살이 되도록 별의별 상처를 입으며 살아왔을 것이다. 그동안 바람과 눈의 무게에 수많은 가지가 부러졌을 것이기 때문이다. 그런데 화자는 느티나무를 "벙어리 행세"한다고 말하는데 여기서의 '벙어리'는 산전수전 다 겪은 자의 침묵이다. 백련암 오르는 길목에서 수행하기 위해 암자에 오르던 수많은 사람들을 오백여 년 동안 지켜보면서 삶의 방식에 대해 깨달은 느티나무는 말하지 않아도 다 아는 존재이다. 그 동안 소나무처럼 눈의 무게로 인해 팔 다리 부러진 늙은 소나무뿐만 아니라 느티나무에게도 "상처의 곡절은 흔적으로 남"았을 것이다. 언젠가부터는 "전깃줄에 목을 매고 온몸을 푸르게 흔들며/언제나 온 몸으로 바람맞으며 묵묵히 서"있는 느티나무에게 언어는 구차한 것이다. 이렇듯 온갖 시련을 다 겪은 느티나무는 "옹이가 된 귀머거리로/울퉁불퉁 상처에 길들여져/이제는 백련암 목탁소리 듣지 못해도/홀로 법문이" 되었다. 성불(成佛)한 느티나무의 모습을 그리고 있는 이 작품은 느티나무를 통해 사람도 지난한 삶이 오히려 수행의 방법이 되어 깨달음의 경지에 이를 수 있음을 말하고 있다.

4.

김청수 시인의 또다른 시적 경향으로는 오늘날 당면한 노인문제에 관심을 보이고 있는 점이다. 산업사회를 넘어 디지털시대에 전통적인 가족관이 무너지면서 노인문제가 대두되었다. 그 후유증으로 노인들의 소외와 빈곤문제가 사회문제가 되고 고독사하는 노인들이 빈번하고 있다. 이러한 문제들이 갈수록 늘고 있는 현실을 시인은 바라보고 있다. 또한 부모님과 형제 등 가족에 대한 그리움과 사랑을 그리고 있는 시편들이 따스하게 다가온다.

강가 낮으막하고 헐벗은 누옥
먼지와 거미줄 덮어쓴 백열등 아래
먹다 만 약봉지와 라면이 널브러져 있다

이름도 기억에서 희미한 노인
새 치약을 마지막으로 눌러 짜고 죽었다

하얗고 맑은 영혼을 닦던 삶
강물에 반짝거리고
노인이 걷던 강가,
달맞이꽃은 지천으로 피었는데

하늘에는 비행기가 하얀 치약을 짜내며 길을 간다

-「치약」 전문

작품속의 '노인'은 독거노인인 듯 싶다. 그런데 그 노인이 죽었다. 노인은 "강가 낮으막하고 헐벗은 누옥"에서 살았다. 노인의 집은 사람의 왕래가 거의 없어 "먼지와 거미줄 덮어쓴 백열등 아래/먹다 만 약봉지와 라면이 널브러져 있다". 그러니까 노인은 몸이 아팠지만 누군가 돌봐주는 사람이 없었으니 얼마나 외로웠을까. 더욱이 몸이 아픈 노인은 제대로 된 식사가 아닌 인스턴트 간이식품 라면을 먹었나 싶다. 어쩌면 젊은 시절에는 나름대로 존재감을 가졌을지도 모르지만 이제는 "이름도 기억에서 희미한 노인"이 되었다. 늙고 병든 독거노인이어서 그 존재감이 없을 수밖에 없다. 헐벗은 삶 속에서도 노인은 "새 치약을 마지막으로 눌러 짜고 죽었다" 새 치약을 짰다는 것은 삶의 의지가 있었다는 증거이다. 이를 닦고 건강하게 살고 싶었기 때문이다. 더불어 "하얗고 맑은 영혼을 닦던 삶"을 살고자 했지만 쓸쓸하게 아무도 지켜보는 이 없이 혼자 죽었다. "노인이 걷던 강가"에는 변함없이 지천으로 달맞이꽃이 피었는데 노인만이 죽은 것이다. 그때 "하늘에는 비행기가 하얀 치약을 짜내며 길을" 가는데, 노인도 비행기처럼 자신의 길을 가고 싶었지만 더 이상 가지 못하고 죽은 것이다.

안타까운 내용이지만 이러한 사건은 우리 주변에서 가끔씩 일어나는 현실이므로 참으로 안타깝지 않을 수 없다. 독거노인을 통해 우리 사회에 드리워진 그늘을 담아낸 시편이다.

김청수 시인의 이번 시집에는 어머니와 관련된 시편들이 여러 편이 있다. 「꿈이 뒤숭숭한 날」, 「경계」, 「어머니 다녀가시다」 등이 그것들이다. 돌아가신 어머니에 대한 그리움의 정서가 눈물겹다.

진눈깨비 휘날리는 이른 봄날
꿈속에서 어머니가 방문 두드리는 소리
깨어보면 바람이 문고리 잡고 흔들 뿐
차가운 바람소리만 들린다

울타리 개나리는

당신처럼 성급히
노랑 저고리 입고 나앉았는데

멧돼지 떼의 마당이나 되지나 않았는지
걱정 반으로 찾아가는 어머니의 초옥

벌써 어머니는 진눈깨비 속에서
수북이 쑥털털이를 차려 놓고
기다리고 계셨다

-「꿈이 뒤숭숭한 날」 전문

화자는 꿈속에서 어머니가 방문을 두드리는 소리를 듣는다. 아침에 깨어나 방문을 바라보니 밤새 "바람이 문고리 잡고 흔"드는 것이었는데, 어머니에 대한 그리움이 자식을 찾아와 방문을 두드리는 꿈을 꾸게 된다. 절기는 봄이라고 하지만 아직 진눈깨비 휘날리는 꽃샘추위가 기승을 부리는 날 지난 밤의 꿈이 하도 뒤숭숭해 어머니의 초옥을 찾아간다. "울타리 개나리는/당신처럼 성급히/노랑 저고리 입고 나앉았는데" 혹시 "멧돼지 떼의 마당이나 되지나 않았는지" 걱정이 된다. 다시 말해 멧돼지가 어머니의 무덤을 훼손하면 어쩌나 하는 걱정을 했던 것이다. 그런데 어머니는 죽어서도 자식이 찾아올 것을 알았는지 "수북이 쑥털털이를 차려 놓고" 기다린다. 물론 희끗희끗한 진눈깨비가 마치 '쑥털털이'처럼 보였겠지만 어머니를 그리워하는 자식의 마음은 진눈깨비가 쌓인 것조차 어머니가 수북이 쑥털털이를 차려놓고 기다린다고 생각한다.

서정시는 자신의 감정을 드러내는 문학형식이다. 그저 꿈이 뒤숭숭하여 어머니의 무덤에 갔을 뿐인데, 시인은 다양한 상상력을 통해 감정을 표현한다. 살아있는 자식과 저 세상에 간 어머니와의 교감이 시인의 감정에 의해 이루어지고 있어 훈훈한 정서를 독자들에게 전해준다.

의자에 앉았다 일어날 때
새우등처럼 굽어있는
엉덩이가 쭉 빠진 뒤태

탈골된 척추처럼 어긋난 허리를
깁스라도 해야 하나

아버지 무릎에서 듣던 찬바람 소리
숨겨진 한숨 소리

지천명의 아버지를 닮아
허리 같은 빈 뼈의 허공

담배 연기 속 자욱하던 신음사이로
의자에 앉았다 일어날 때
삐그덕 소리 난다

몸에서 가장 소중한 등뼈의 경전을
읽는 오늘,
우주의 한 중심이 휘청거린다

-「등뼈의 경전」 전문

지천명에 이른 화자가 지천명 때의 아버지를 생각하며 이해한다. 화자는 "의자에 앉았다 일어날 때/새우등처럼 굽어 있는/엉덩이가 쭉 빠진 뒤태"가 된다. 이는 "탈골된 척추처럼 어긋난 허리를/깁스라도 해야" 할 지경으로, 화자는 "아버지 무릎에서 듣던 찬바람 소리"와 "숨겨진 한숨 소리"를 듣는다. 이전에는 듣지 못하던 소리들로 지천명의 나이가 되어보니, 아버지를 이해하는 화자는 "허리 같은 빈 뼈의 허공"에서 "가장 소중한 등뼈의 경전을/읽"게 된다. 몸에서 가장 소중한 것이 등뼈라는 것을 인식한 화자는 "담배 연기 속 자욱하던 신음사이로/의자에 앉았다 일어날 때/삐그덕 소리 난다" 이 소리는 등뼈가 탈골되어 제 기능을 제대로 하지 못하는 것으로 젊은 시절 "아버지 무릎에서 찬바람 소리"와 더불어 "숨겨진 한숨 소리"이다. 이 소리를 경전 읽는 소리로 인식한다. 등뼈는 몸에서 가장 중요한 것이고, 생전의 아버지는 집안의 등뼈였으며, 오늘은 화자가 비록 고장난 등뼈이긴 하지만 자신의 집에서 가장이라는 등뼈 역할을 하는데, 그 등뼈를 한 권의 경전처럼 이해하며 고통스럽지만 읽고 있다. 그러므로 등뼈가 아프므로 "우주의 한 중심이 휘청거린다"고 할 수 있다.

5.

김청수 시인의 또 다른 시적경향의 큰 줄기는 생명성 탐구이다. 생각해보면 살아있다는 것은 경이로운 일이다. 우리의 상상력으로는 도저히 가늠해볼 수 없는 드넓은 우주에서 지구라는 별에 생명이 살아 숨쉬고 있다는 것이 기적이 아니고 무엇이겠는가. 우리 문단에서도 산업사회로 발전한 1990년대를 기점으로 본격적인 생명시, 또는 생태시가 쓰여지게 되었다. 이러한 현상은 소비가 미덕이라는 산업사회가 야기한 환경오염이 가장 큰 이유이다. 그 중심에는 인간중심의 사고와 탐욕 때문이다.

그러나 김청수 시인의 생태시편들은 환경오염 현장을 살펴보는 쪽보다는 원초적 생명성에 관한 탐구가 주류를 이룬다. 그의 생태시들은 생명성의 본질을 깊이 탐구하고 있기 때문이다.

비 내리는 이른 새벽부터
흰 옷을 입은 왜가리 한 마리
강물에 발목을 담구고 있다

먹고 산다는 것은
어둠 속 물길을 헤치고

외발로 쓸쓸히
견디는 것

너의 새끼도
나의 자식도

밥이 목숨이어서
세상의 강물에 아비들은
발 하나씩 담구고 있는 것이다
-「왜가리, 봄비에 젖다」 전문

화자는 "비 내리는 이른 새벽부터" "강물에 발목을 담구고 있"는 "왜가리 한 마리"를 본다. 흔히 볼 수 있는 이 풍경을 화자는 '생명성'의 본질을 생각한다. 즉 "먹고 산다는 것은/어둠 속 물길을 헤치고//외발로 쓸쓸히/견디는 것"이라고 인식한다. 먹어야 산다는 가장 원초적인 생명활동을 통해 생명이 존재할 수 있음을 통찰하며 그러기 위해서는 "어둠 속 물길을 헤"쳐야 한다고 갈파한다. '어둠'과 '물길'은 녹록치 않은 생명의 세계를 말한다. 그것도 "외발로 쓸쓸히/견"디는 것이 살아있는 것들의 숙명이라고 한다. 비내리는 차디찬 강물을 응시하는 왜가리는 자신의 목숨보다도 "새끼" 또는 "자식"을 위해 하루종일 외발로 서서 강물을 응시하는 행위야말로 고된 노역이 아닐 수 없지만 왜가리에게는 유일한 삶의 방식이다. 이러한 삶의 방식이 오랜 세월 생명을 이어오고, 또다시 이어갈 커다란 힘이다. 그러므로 "세상의 강물에 아비들은/발 하나씩 담구고 있는 것이"라고 생명성의 본질을 밝히는 것이다.

이 작품은 아비의 희생을 통해 '새끼'거나 '자식'이 목숨을 이어갈 수 있음을 보여준 것에 반해 다음 작품은 생명이 어떻게 잉태되고 지금껏 보존되어왔는지를 원초적으로 살펴본다.

개 두 마리가 붙어 있다
털 주머니에서 붉은 단검을 빼내
한 놈이 한 놈의 뒤를 잽싸게 찌른다
부르르 부르르 몸서리치는 극치

뒤따르는 놈 앞서가는 여인의 치맛자락에서
향낭을 찾아 주둥이를 처박고 대어주는 자세
참, 가관이다
꿀보다 더 달콤하게 핥고 또 핥는
혼례의 자세가 거룩하다
달콤한 신혼이겠다

소낙비에 흠뻑 젖은 채
열린 문으로 들어온 그녀 생각

내 가슴에 안기어 날밤 새우고,
붙어 묵는다는 것
태초 같은 신성한 생명의 말씀이다
-「붙어 묵는다는 것」 전문

개 두 마리가 있다. "뒤따르는 놈"음 수컷이고 "앞서가는" 놈은 암컷이다. 수컷은 "여인의 치맛자락에서/향낭을 찾아 주둥이를 처박고 대어"준다. "꿀보다 더 달콤하게 핥고 또 핥는"다. 마침내 "개 두 마리가 붙어 있다". 화자는 개 두 마리가 교미하는 모습을 지켜보고 있는데, 이러한 행위를 "혼례의 자세가 거룩하다"고 한다. 흔히 길을 가다가 교미하는 개들을 보면 민망하고 얼굴이 붉어지기 일쑤인데 화자는 생명이 잉태되는 순간을 '거룩하다'고 생각한다. 생각해보면 이 세상 대부분의 생명체들이 이러한 행위의 결과물이어서 개 두 마리의 교미하는 모습을 '혼례'라고 하며 '거룩하다'고 하는 말은 생명활동을 원초적인 시각으로 바라보고 있다.

개들이 혼례를 치루는 것을 보며 화자는 "소낙비에 흠뻑 젖은 채/열린 문으로 들어"왔던 그녀를 떠올린다. 매우 감각적인 이 문장을 통해 화자는 "가슴에 안기어 날밤 새"웠던 행위 또한 개와 다를 바 없는 일로, 개나 사람이나 "붙어 묵는다는 것"은 "태초 같은 신성한 생명의 말씀"이라고 해석한다. 매우 상스럽고 듣기에 민망한 말이지만 화자는 생명성의 본질을 탐구하며 오히려 이러한 행위를 '신성하다'고 한다.

「문수선원에서」는 생명체들의 상생을 보여주고 있다.

점심 공양 마치고

밥값하지요

학승 스님들 겨울찬으로 올라갈
푹 삶아 놓은
무시래기청 껍질 벗깁니다

산새들에게도 차 한 잔 하라며 놓아 둔
나무 밑 화단가 백자 물 항아리

한 모금, 딱 한 모금만
목마른 산새 가족들도 둘러 앉아
마음 나누라는

산짐승 길짐승 분별없는
문수선원에
벌써 매화꽃이 피려나 봅니다
-「문수선원에서」 전문

앞에서 살펴본 두 작품은 원초적인 생명성을 모색하는 시편들로 생명의 본질을 탐구한다. 그러나 「문수선원에서」는 생명체들이 어떻게 상생하며 생명성의 조화를 이루어야 하는지를 보여준다. 사찰에서는 찾아오는 사람들에게 때가 되면 함께 밥을 나누어 먹는다. 화자도 문수선원에서 어쩌다가 점심을 얻어먹었다. 그래서 그냥 지나칠 수 없어 "학승 스님들 겨울찬으로 올라갈/푹 삶아 놓은/무시래기청 껍질 벗"긴다. 이렇게 살아가는 것이 생명체들이 조화를 이루는 방식이다. 특별히 생명에 대한 경외심을 강조하는 사찰에서는 주변에서 살고 있는 "산새들에게도" 차 한 모금씩 마시라고 "나무 밑 화단가 백자 물 항아리"에 물을 떠놓았다. 이렇듯 "산짐승 길짐승 분별없는/문수선원"은 서로 마음을 나눈다. 때는 아직 겨울인데 마음에는 봄을 상징하는 매화꽃이 피려한다고 한다. 서로 나누며 상생하는 모습을 통해 사람들의 마음이 훈훈하게 한다.

바람과 달과 고분들

김청수 시집

2019년 6월 1일 인쇄
2019년 6월 10일 발행

지은이 | 김 청 수
펴낸이 | 강 경 호
발행처 | 도서출판 시와사람
등 록 | 1994년 6월 10일 제 05-01-0155호
주 소 | 광주시 동구 양림로119번길 21-1(학동)
전 화 | (062)224-5319
E-mail | jcapoet@hanmail.net

ISBN 978-89-539-0 03810

값 10,000원

공급처 ■ 한국출판협동조합
경기도 파주시 탄현면 오금로 30
주문전화 (02)716-5616, 070-7119-1740